AF337964

LA
RÉVOLUTION DE FÉVRIER

ET

SA CONSTITUTION,

JUGÉES PAR LA PHRÉNOLOGIE :

DE L'INFLUENCE DE CETTE DOCTRINE

SUR L'ÉCONOMIE SOCIALE,

PAR V. FRANKLIN-BERGER, AVOCAT.

Prix : 1 Franc 25c.

PARIS,

IMPRIMERIE ADMINISTRATIVE DE PAUL DUPONT

RUE DE GRENELLE-SAINT-HONORÉ , 55.

1850

PARIS, IMPRIMERIE DE PAUL DUPONT,
Rue de Grenelle-Saint-Honoré, 55.

AU PRINCE LOUIS-NAPOLÉON BONAPARTE.

PRÉSIDENT DE LA RÉPUBLIQUE.

PRINCE,

VEUILLEZ agréer la dédicace d'une brochure que mon amour seul pour mon pays me fait publier en ce moment. Je vous en fais hommage, moins pour tout le bien que vous avez déjà fait à la France, que pour celui que votre heureuse destinée vous appelle à lui faire dans l'avenir.

V. FRANKLIN-BERGER, *avocat.*

AVANT-PROPOS.

Cet écrit, composé avec cette conscience libre d'un esprit qui n'admet en tout que les principes, est extrait d'un cours de philosophie que je me propose de faire prochainement à Paris. Il n'était pas destiné à paraître isolément en public; mais les hautes considérations qu'il renferme pouvant éclaircir, je crois, un grand nombre de points sur la question *capitale* de *vie* ou de *mort* de notre *gouvernement politique*, tourmentant en ce moment tous les pouvoirs de l'État, adhérant si intimement aux intérêts publics, j'ai cru devoir me rendre à l'honorable influence de quelques amis de cœur et d'esprit éminents qui m'ont conseillé de le publier.

Puissent, en effet, les idées de conciliation, d'ordre, et d'harmonie qu'il contient, en montrant à chacun le POSSIBLE à côté de L'IMPOSSIBLE, concilier ensemble tous les hommes de partis de quelque valeur, à quelque classe de la société qu'ils appartiennent, qui, de bonne foi, n'ont eu en vue, dans ce *dualisme politique*, non prévu et laissé pour héritage par l'Assemblée constituante, que la gloire et le bonheur de la patrie.

V. FRANKLIN-BERGER, *avocat.*

LA
RÉVOLUTION DE FÉVRIER

ET

SA CONSTITUTION.

Fortes creantur fortibus et bonis !
HORACE.
Non leges hominibus, sed legibus homines componendum est !
L'Auteur.

Pour quiconque sait induire les effets des causes et descendre des causes aux effets, comme pour vous, Messieurs *, instruits des préceptes de cette science, abreuvés à la source de ses vérités sublimes, la phrénologie n'est pas un vain mot, une nouvelle abstraction psychologique. Qu'est-elle donc, Messieurs, cette découverte?

C'est la connaissance certaine de l'homme; l'analyse exacte de ses facultés; c'est l'être humain tel qu'il existe; aussi divers dans ses penchants, ses goûts, ses passions, ses conceptions, ses intelligences, que par sa structure physique : tantôt petit, tantôt grand, plus souvent de taille moyenne comme en Europe; fort ou faible, mais tou-

---

(1) Ces considérations générales sont la clef de voûte du cours de phré nologie (vingt-troisième et dernière leçon) que l'auteur se propose de faire à Paris, en 1851.

jours analogue aux zones qu'il habite, par le côté physique, comme par le bord moral : en un mot, conformé aux milieux où il vit ; soumis en tous points, ainsi que toutes les productions de la terre, à l'influence, par la forme et le fond, des climats divers où il voit le jour. Tel est l'homme originel. Il n'y a, Messieurs, que la culture, l'éducation et l'exemple qui puissent parvenir à modifier, régler, quelquefois même changer cette nature native ; et voilà précisément par où la phrénologie devient une science sans prix, c'est que, en nous donnant le pouvoir de connaître à fond l'être humain, elle nous fournit en même temps les ressources nécessaires à son perfectionnement.

Vous allez sentir, Messieurs, la justesse de cette assertion.

Jusqu'à la découverte de notre science, tous les moralistes de quelque portée avaient reconnu dans l'homme des qualités bonnes ou mauvaises ; ils avaient signalé, constaté des vices, et quelques rares vertus. Mais, ignorant entièrement la retraite cachée de ces passions, organiques pour nous, pour eux psychologiques, qu'ils plaçaient dans un principe unique, parfois complexe, *esprit* ou *âme* qu'ils ne pouvaient aller forcer dans son fort, pour lui demander compte des égarements des sens, des désordres du corps qu'il aurait dû régler, ils n'ont pu, dis-je, par la violence ou la menace, à l'instar des casuistes théocrates, le contraindre à changer de vie, en le menaçant des tisons de l'enfer. Pour les phrénologistes, cette retraite obscure, ce fort où se meuvent les passions, n'est plus un mystère : chacun de nous peut sûrement aujourd'hui aller attaquer le *farfadet* qui préside à chaque passion, et qui fait trop souvent mouvoir à son gré cette machine organique ; et en dépit de cette raison, de cette conscience libre, dont les philosophes anciens et modernes ont fait tant d'orgueil en les érigeant en entités indépendantes de la matière, de cette matière à laquelle, quoi qu'ils en disent, l'homme, hélas ! est par trop soumis, chacun de nous, phrénologiste, dis-je, peut non-seulement reconnaître cet *esprit malin* qui dirige le fond de son caractère, mais encore le réformer et le détruire, par l'attaque et la force des passions contraires : pourvu que, dans ce dualisme intime et éternel, on sache employer des combattants formidables, armés de toutes pièces, ennemis déclarés des vices, leurs adversaires ; ou, pour parler sans figure, qu'on fasse servir les nobles penchants, les grands sentiments, les bons principes, constitutifs des vertus, à déraciner en nous les bas instincts, appelés défauts ou vices dans le langage figuré.

Je viens donc de mettre en avant cette idée, qu'à la phrénologie seule appartient la gloire de cette découverte de *lutteurs héroïques*, de *pourfendeurs* de *vices* : il s'agira bientôt de faire voir la route qu'on devra suivre, la voie première par où l'on pourra entrer en lice pour gagner la victoire !

Mais, avant de vous expliquer nos moyens, exposons quelques considérations accessoires, inhérentes à notre sujet : ensuite nous interrogerons l'histoire, qui nous fournira des preuves par des exemples, pour en venir enfin à l'application qui les justifie.

Vous connaissez tous ce précepte, passé en proverbe, que, pour plier et tordre à son gré un ormeau, un tilleul, un chêne, pour le façonner, tantôt en berceau, tantôt en pavillon, ou d'autres manières pittoresques, artistiques même, il ne faut pas attendre qu'il soit devenu arbre robuste et indomptable ; car alors vous ne seriez plus maîtres de lui ; il en est de même de l'animalité que de la sève des végétaux : le poulain de race, le jeune chien d'ordre, se dressent merveilleusement au cirque ou à la chasse, au point de ravir les spectateurs d'admiration et d'enthousiasme pour leurs vertus ou leurs talents à bien faire ; tandis que le vieux cheval indompté, le vieux chien inculte, non dressé, seront toujours rebelles ou sauvages, en tous points conformes enfin au climat où ils vivent et à l'inculture de leur naturel. Eh bien ! Messieurs, il en est de même de l'espèce *homo* : car, abstraction faite des aptitudes sur lesquelles pourtant nous fondons, nous, anthropologistes, nos succès ou nos insuccès en éducation, ainsi que vous le verrez bientôt, l'homme dans tous les pays, sous toutes les civilisations possibles, n'est vraiment éducable et sûrement réformable que dans la jeunesse ; encore, est-ce à la condition de recevoir une doctrine par des préceptes, analogues à ses facultés, et c'est là la règle fondamentale.

Or, cet être que nous avons reconnu si complexe, et si divers, pourra-t-il collectivement être soumis, avec raison, au même régime ? Si, en hygiène physique, les grands praticiens ont reconnu le contraire de cette proposition ; s'ils ont établi qu'il était fort dangereux, inconséquent, impossible, absurde, de soumettre les divers individus, constitués à tempéraments divers, à la même médication, comment au moral le même traitement conviendrait-il à des êtres aussi opposés en sentiments, en instincts, en passions, qu'ils le sont en forces organiques ?

La réponse n'est point difficile à faire : elle ressort de la nature des choses, puisqu'il est plus pernicieux encore d'agir inconséquemment sur le moral que sur le physique d'un individu, bien que les influences des deux principes aient tant d'analogie entre elles , tant de virtualité l'une sur l'autre.

Il est un principe reconnu : c'est que, en tout, il faut appliquer la règle. — Or, c'est en admettant cet axiome comme base de logique et de bien parfait, que nous allons découvrir pourquoi des hommes graves, qui ont passé leur vie à méditer, soit dans le silence du cabinet, soit dans la pratique des affaires publiques, des savants, des penseurs profonds, de toutes tailles et de tous pays, parvenus à la mission ardue de faire des lois pour les hommes, les MIRA-BEAU, PITT, CANNING, SIEYÈS, ROYER-COLLARD, CUVIER, CASIMIR-PERRIER et autres illustrations contemporaines telles que les GUIZOT, les THIERS, etc., ont recueilli de leurs applications des conséquences toutes contraires à ce principe : c'est que, en croyant le suivre exactement , ils en adaptaient d'autres. Or, sans être illogiques, mais par une illusion de l'esprit, en marchant toujours dans cette fausse voie, ils avançaient d'erreur en erreur , de faute en faute, quoiqu'au fond ils fussent purs d'intentions, et que leur génie pût s'élever aux plus hautes conceptions de la politique et de l'art rare de gouverner l'espèce humaine ; s'ils eussent avant tout pris la peine de la connaître et de la voir telle qu'elle est, bientôt ils eussent reconnu les points par où elle est accessible , et le régime qui convient à sa faiblesse. Alors, Messieurs, nous saurons aussi pourquoi des trônes tant de fois renversés, des chartes tant de fois déchirées, n'ont servi qu'à être remplacés par d'autres tout aussi peu durables, puisqu'aussi fragiles : ces chartes étant appliquées à des êtres de mœurs incohérentes, amalgame impur de passions grossières, endurcies sous le calus des temps, et partant indignes de rénovation, le scalpel de l'opérateur politique ne pouvant plus même aller jusqu'à la fibre sensible!

Voilà, Messieurs, l'illusion des réformateurs; ne voyant jamais que hors de l'homme les causes qui le modifient, sans se douter des points par où il est modifiable; c'est là leur erreur, aussi leur excuse : tous sans exception dès l'abord ont pris fausse route pour arriver au but ; ce qui ne les empêche pas cependant d'être de grands hommes, et plusieurs d'entre eux même des génies transcendants, auxquels il n'a manqué pour être les bienfaiteurs de leurs semblables que la connaissance avouée de la physiologie intellectuelle ! car, ce serait par trop rapetisser leur gloire que de prétendre que tous ces novateurs politiques n'ont voulu, dans leur œuvre de réforme sociale, que renverser seulement pour le puéril plaisir de reconstruire Babylone, lorsque Babel n'est plus, avec les mêmes débris de la ville, sans se soucier de savoir si le monument *fatiguerait* le temps sur de telles assises !....

C'est pourtant toujours ainsi, Messieurs, que, depuis soixante ans, tous ceux qui ont voulu fonder des gouvernements ont agi, sans conscience exacte de ce qu'ils faisaient : toujours avec de vieux éléments appliqués pêle-mêle à des corps endurcis, sous forme de mosaïque sociale, ils ont reconstruit le corps politique : le fer , le cuivre, mêlés à quelques rares paillettes d'argent faux, d'or équivoque, sortis par la rouille de tous les métaux, ont servi à reconstruire le monument social, tant de fois attaqué par les rois, dévoré par toutes les misères, atteint jusqu'au cœur par ses propres vices, déchiré par les guerres et les discordes civiles, mais jamais, de la base jusqu'au faîte, reconstruit avec des matériaux purs et nouveaux! C'est là la raison seule pour laquelle ces réformateurs ont échoué dans leur œuvre de réédification : toujours trop pressés dans leurs actes, ils ont voulu marcher d'emblée sur les masses populaires adultes, comme sur une terre vierge, lorsqu'il eût fallu d'abord purger le sol, préparer ensuite par de nouveaux engrais, en reportant de la terre neuve, pour, du tout, faire un mélange homogène, fécond et propre à la production de tous les fruits dont on lui aurait confié les germes.

Ne pensez pourtant pas qu'aucun de ces grands hommes n'ait senti cela, et qu'il n'en existât pas parmi eux qui eussent souhaité, imitant LOCKE ou ROUSSEAU, commencer la réforme des pères par celle des enfants. Ce serait faire injure à leur sagacité que de le croire : mais, d'une part, le désir insatiable d'arriver vite à un résultat quelconque, pour montrer qu'on avait fait quelque chose de mieux que ses devanciers, ou pour n'en pas laisser la gloire à d'autres; d'autre part, l'impossibilité de fonder ainsi, à l'improviste, des méthodes sûres pour la jeunesse, tendant à régénérer les mœurs publiques, en les épurant sans cesse, et en les faisant cheminer vers la vertu, ont déconcerté les législateurs, par cela seul qu'ils n'ont jamais vu l'homme tel qu'il est, mais tel qu'ils auraient voulu qu'il fût.

Le plus grand de tous, Messieurs, le plus hardi, comme sans contredit, le plus puissant, NAPOLÉON, lui dont je vous ai offert la tête comme modèle de facultés supérieures en tous les genres, avait tenté cette œuvre auguste de réforme sociale, par la fondation de la doctrine de l'Université impériale : mais NAPOLÉON, malgré son rare génie, n'était pas phrénologiste... Loin de là, il n'aimait pas les idéologues qui pouvaient éveiller ou égarer l'esprit public, et le détourner un seul instant de l'admiration d'une gloire unique, jalouse de tout attirer à elle et de régner dans le monde intellectuel et moral sans nul partage ! Aussi, quoique GALL vécût alors, il fut assez mal traité par ce grand homme : attaqué par l'esprit sarcastique de flatteurs gagés embouchant la trompette aux cent voix seulement pour exalter le génie du maître et mettre à néant toute rivalité, il fut forcé de s'exiler ; d'ailleurs la science de GALL, vraiment alors à l'état d'ébauche, était trop incomplète pour tenter des essais, trop mal accusée pour pouvoir servir à rectifier les principes doctrinaires d'éducation admis dans l'enseignement public ; et, bien que l'Université impériale fût une institution par elle-même bien conçue sous le rapport du plan, de l'ordre, du but, comme des méthodes rudimentaires, ses résultats ne pouvaient répondre à autre chose qu'aux hautes vues de son fondateur ; celles de former des hommes pour lui, pour son gouvernement, pour son empire ; assez éclairés, mais toujours soumis ; plutôt que des citoyens forts, libres et indépendants, tels en un mot que cela convient à un peuple, grand seulement de ses vertus, puissant, formidable !.... De plus, quoi que l'on fît en ce genre de perfectionnement par le choix éclairé du personnel et des doctrines, bien qu'on joignît à l'enseignement la haute morale de l'Évangile, c'était toujours même routine dans l'application, même soumission, mêmes tendances aux vues du chef suprême. Des enfants, réunis sans choix et sans classification fondée rationnellement sur les aptitudes, qu'on ne s'occupait pas de reconnaître en eux par l'examen ; des jeunes gens, à l'instar des moutons de Panurge, sautant tous dans l'arène pour lutter entre eux et s'avancer à forces inégales ; mais non pour progresser, se distinguer et vaincre, à l'envi les uns des autres ; tellement que les plus faibles d'entre eux, vaincus dès l'abord par les plus forts, étant aussitôt découragés, ne travaillant plus, ou mollement, demeuraient infirmes par l'esprit : au reste, pourvu qu'ils parvinssent à grandir, à acquérir des forces musculaires, pour combattre un jour d'estoc et de taille au champ d'honneur, sous les ordres savants du héros du Champ-de-Mars, c'était assez pour justifier de leur aptitude et de leur savoir aux yeux des maîtres qui les enseignaient, pédagogues presque aussi faibles qu'eux en science, pour la plupart, et qui n'avaient d'autre ambition, dans leur carrière d'instituteurs, que celle de remplir un emploi qui, les faisant vivre, les dispensât de *porter le sac ;* expression vulgaire, mais technique, consacrée au temps de l'empire (1).

Ainsi, l'éducation languissait, malgré que les sciences exactes et de faits fissent des progrès immenses, car Napoléon aimait ces sciences, et y était fort remarquable : aussi, s'il eût vécu jusqu'à ce jour, ce puissant génie était assez grand pour admirer la phrénologie !

A la Restauration, même principe, mais autre maxime : former des hommes, non pour la nation, mais pour la servitude : aussi, conserva-t-on le même plan, mais on en changea la direction. Ce ne fut plus pour avoir des guerriers que l'éducation publique fit des efforts ; elle dirigea ailleurs ses vues. Louis XVIII et Charles X, glorieux nourrissons des jésuites, voulurent reconstituer les mœurs publiques en faisant renaître l'ancien temps dans le creuset théologique, par respect, sans doute, pour ce sacré

---

(1) Il n'est pas ici question des écoles militaires spéciales qui sont hors de cause, je ne parle que de l'institution des Lycées et autres écoles publiques.

corps ! De là les séminaires qui surgirent et se multiplié-
rent de toutes parts, sous l'autorité toute puissante d'un
grand-maître de l'Université , secondé par l'archevêque,
souverain pontife de la métropole, affiliés l'un et l'autre à
la cour de Rome, sanctuaire inviolable des congrégations
de l'ordre. Par là, toute l'éducation de la jeunesse française fut ramenée sans croyance , sans vraie piété , vers le
bigotisme et ses pratiques : tellement et si brusquement,
sous son indignation superbe et sa révolte, que la révolu-
tion de 1830 fut forcée d'éclater pour la secourir, prête à
tomber dans le gouffre de l'obscurantisme (sous la déca-
dence de l'esprit et du caractère national), où les fanati-
ques voulaient l'entraîner par les mains tremblantes d'un
roi parjure ! ...

  1830, plus grand dans ses vues, beaucoup plus éclairé
et plus moral; plus franc dans sa conduite, personnifié,
d'ailleurs, dans un grand prince, L.-P. D'ORLÉANS, qui n'eut,
de même que d'autres avant lui, que le tort de ne point
assez reconnaître les besoins immenses mais inconstants de
son siècle, son esprit progressif, comme ses mœurs en dé-
cadence; immuablement assis sur ses principes, il ne péné-
trait pas assez avant les hommes ; quelque perspicace qu'il
fût d'ailleurs, il était si peu *galliste*, qu'il eût voulu *enrayer*
l'Europe en l'endormant par sa politique vouée toute aux
arts, à la paix, à l'industrie, ainsi qu'à ses vues dynastiques ;
1830, dis-je, est tombé lui-même, sans laisser après lui rien
de plus sûr, ni peut-être hélas ! de plus parfait, parce que
c'est toujours avec les vieux éléments, les viles rognures et
sur les ruines gothiques, que les pionniers politiques as-
soient en France le nouvel édifice en le changeant de nom;
les leçons des essais, de l'expérience et des déceptions, ne
fructifiant pas, ne servent à rien; au contraire, pour réfor-

mer les mœurs, si l'on veut attaquer le vice dans sa source, en épurant l'éducation publique par une nouvelle loi fondamentale réglementaire, c'est toujours à la mine usée et ancienne qu'on s'adresse, qu'on va puiser les matériaux ; c'est par la main impie des ennemis avoués et éternels de tout progrès, de toute science, qu'on en exploite les filons rouilleux !

Qui l'eût dit jamais ! sous la *République*, au nom de je ne sais quel prophète, les Jésuites sont évoqués de toutes parts ; et cette grande œuvre de rénovation de la jeunesse est confiée à leur vaillant *savoir-faire !* Oui, nos inconséquents législateurs, reniant les leçons du passé, confondant l'élément laïque et religieux par l'hybride accouplement des deux ordres, sapent par la base l'Université, au mépris et à la confusion des *doctes doctrinaires* laïques, qui, s'ils n'ont pas obtenu tous les succès désirables sous le rapport de la réforme des méthodes d'enseignement telle qu'il la faudrait pour réussir à fonder une unité nationale homogène, ont au moins, en suivant les règles tracées par leurs devanciers, rendu d'éminents services aux lettres, aux sciences, aux arts, dans les diverses branches d'enseignement élémentaire et professionnel, surtout pour les sciences d'application telles que l'industrie, le commerce et l'agriculture ; le champ de la morale restant en friche faute de savoir trouver la couche vive et féconde qui nourrit sainement et développe les germes qu'on lui confie, lorsque ces germes sont de bon aloi.....

Mais, voyant les choses par un autre bord, arrêtons-nous un moment dans notre revue rétrospective humanitaire, sur les évangélistes d'un nouveau genre, socialistes et communistes, qui, sous le Gouvernement provisoire, et mieux encore, sous la Constituante, ont prêché la croisade des réformes au nom de la *Communion démocratico-socialiste*. Pensez-vous, Messieurs, que tous ces économistes étaient des sectaires de mauvaise foi, n'ameutant la tourbe populaire, n'émouvant sa fibre personnelle que pour la faire servir d'instrument aveugle mais actif à leur ambition sans limites? Non certes, Messieurs; tous ces réformateurs illuminés, à *vue oblique*, n'étaient pas dépourvus de cœurs généreux; ils n'étaient pas sans amour aucun du bien public, sans entrailles pour l'humanité souffrante : plusieurs d'entre eux étaient des hommes de cœur; les PROUDHON, les RASPAIL et autres intelligences monomaniaques avaient en vue le bien-être des masses de même que les THIERS et les GUIZOT, seulement ils différaient de moyens.

Eh! pourquoi, me direz-vous alors, ces hommes n'ont-ils enfanté que des rêves, des doctrines amenant des émeutes et des bouleversements publics? Pourquoi? Vous voulez le savoir? Le voici :

C'est, d'abord, qu'à la place des abus, des maux, des horreurs qu'ils signalaient. et que leur imagination, heurtée de front, soulevée par un exécrable orgueil, leur faisait voir à la loupe beaucoup plus grands qu'ils n'étaient réellement, ils ne pouvaient offrir que des remèdes chimériques à des maux chimériques ; ensuite, eussent-ils existé, ces malheurs publics, ces abaissements populaires, par la faute des riches, ce n'était pas à l'aide seul, pour l'intérêt de la classe ouvrière de nos cités, et par son concours, qu'il fallait employer l'instrument curateur; car, par là, loin de détruire le privilége, c'était seulement le déplacer en le confirmant; l'intérêt de l'habitant des campagnes pouvait-il s'arranger de ce dédain, de ce *fi* superbe et illogique qu'on faisait si ridiculement de sa personne? Lui aussi, souffrant des révolutions, n'avait-il pas droit à la pitié?

Mais autre raison, plus importante encore à signaler, devant invinciblement mettre obstacle au succès de ces réformes communistes : c'est l'ignorance profonde, radicale de ces nouveaux Lycurgue, touchant les mœurs actives et intimes des masses populaires, sur lesquelles pourtant se fondent leurs besoins essentiels, leurs droits légitimes. C'est leurs erreurs grossières sur les éléments des choses qui constituent le bonheur d'un peuple. Tous ces nouveaux Solon, jugeant d'après eux-mêmes de la foule qu'ils caressent, prenant aveuglément l'ardeur de leurs désirs pour la mesure du possible, lui prêtant leurs instincts, leurs sentiments, leurs penchants, leur intelligence même, qu'ils érigeaient en souveraine, lui livraient les destins de la patrie, comme à la Minerve antique, à une divinité qu'on adore ! Confondant ainsi, par une suprême aberration de l'esprit, le gouvernant et le gouverné, ils faisaient un monstre du corps social, sans forme, queue ni tête, conséquence ni but ; plus informe que le monstre d'Horace (1) ; cent fois pire que l'état sauvage des peuplades des îles d'Amérique ou de la Nouvelle-Hollande, car au moins ces sauvages ont des coutumes semblables qui leur servent de mœurs et de règle ! Ces utopistes quand même, ignorant donc les divers leviers organiques primordiaux constitutifs du caractère de l'homme, sur lesquels sont basés les besoins relatifs mais vrais qui en découlent naturellement, confondaient toutes les notions du juste ; car, quoique prétendent les niveleurs, les mœurs des hommes constitués en société se classent par catégories ; et cet ordre de choses appartient, non au hasard, non à l'arbitraire par la volonté de l'homme, mais à la nature, mère indépendante et libre, qui n'a pas voulu

______

(1) Desinet in piscem mulier formosa supernè !

une seule classe d'êtres en une *unité plate* et sans vie dans les sociétés humaines : les inégalités physiques elles-mêmes révèlent et justifient toutes les inégalités morales, qui ne sont pas le fruit de la tyrannie des grands ou des pervers, car l'homme ne peut être, en unité collective, traité différemment par la loi politique que par la loi de Dieu, concourant l'une et l'autre au bien-être de tous par la justice. Mais, pour être conséquente avec elle-même, il convient que cette justice distributive modifie quelquefois la règle par l'application pour mériter le nom d'équité, fondement de tout état durable, antérieure à tous les enseignements, puisqu'elle dérive de la conscience ! Aussi, les évangélistes christicoles socialistes et autres *orthodoxies in partibus,* qui, tout en niant le *tien* et le *mien* se sont appuyés sur ses principes pour revendiquer leur part commune du patrimoine de chacun, ont été les plus aveugles, les plus inconséquents, les plus divagateurs des hommes, s'ils n'ont pas été les plus absurdes. D'ailleurs, outre la contradiction par l'impossible, pensaient-ils que, pour rendre heureuse chaque classe de citoyens, il suffit de n'en faire qu'une de toutes ? Traiter par cette fusion unique, en le soumettant au même régime, le pauvre, le riche ; le fort, le faible ; le savant, l'ignorant ; le sobre, le dissolu ; l'économe, le dissipé ; le bon et le méchant ; le rustique habitant des campagnes et le voluptueux citadin ; agir entre les membres du corps social par le niveau de l'égalité, plus profondément que Dieu lui-même, qui, selon les livres sacrés, réserve, dans sa haute sagesse, une récompense au juste et un double châtiment au coupable : la peine et le remords !..... Niveleurs sans limites, et vous pensiez être équitables !..... Eh bien ! je vous le dis, pussiez-vous exercer ce partage sans blesser la justice des droits acquis, sanctionnés par le temps, la raison et la conscience publique, que vous n'atteindriez pas encore le but. Ceux dont vous êtes les défenseurs officieux, dont vous seriez bientôt les curateurs, les pourvoyeurs, secoueraient le joug de la tutelle ; et si, leur livrant à pleines mains le libre usage de la part au partage du bien de tous, vous les abandonniez à eux-mêmes, ils seraient plus malheureux encore, car ils ne sauraient point en user, la faire fructifier, la conserver, et bientôt, tels que les Troglodytes de Montesquieu, ces malheureux ! accablés sous le poids d'un tel bien, fatigués de cette liberté d'action forcée comme de cette garde de propriété, ils vous redemanderaient leur pauvreté avec leur insouciance et leur paresse, parce que leurs forces, laissées inactives et sans ressorts depuis leur naissance, faute d'exercice et de volonté, ne sont pas capables de les servir, et que leur esprit dirigeant est atrophié ; qu'ils préfèrent, en un mot, leur vie précaire d'oisiveté pauvre et aventureuse à une vie de règle et de sujétion, fût-elle dorée!.....

O vous, publicistes, économistes politiques de toutes classes, de tout ordre et de tous partis, qui rêvez en commun le bonheur de l'homme, ou qui en avez désespéré, MALTHUS, BENTHAM, SAINT-SIMON, BABEUF, FOURRIER et autres valeureux adeptes de ces brusques et trop hardis novateurs, voulez-vous connaître le moyen, le chemin sûr pour le conduire à ce banquet magique de bien-être public que vous rêvez pour lui?... Venez, étudiez l'organologie ; elle seule, vous expliquant l'humanité, telle qu'elle est aujourd'hui, non simple et naïve comme aux temps antiques, mais devenue, hélas! par trop complexe, par le frottement, le raffinement des générations, elle seule pourra vous donner la solution du grand problème que vous cherchez ; celui de la rendre grande et heureuse comme elle veut l'être, d'après ses goûts, ses besoins, ses exigences naturelles et légitimes. Si, au contraire, vous persistez à la sortir d'elle-même et de son domaine pour la conduire aux champs des *chimères* où vous vous plaisez, fussiez-vous des JEAN-JACQUES, des NEWTON, des MONTESQUIEU, vous n'atteindriez pas davantage le but cherché !

Pour connaître l'homme, défiez-vous donc de le mouler toujours et toujours sur vous-mêmes; il n'est pas fait à votre taille, sachez-le : il n'est pas deux hommes au monde qui se ressemblent; tous diffèrent organiquement du plus au moins, ne fut-ce que par des nuances. Eh bien ! ce sont les classes seules qui ne diffèrent que par nuances qu'il faut tâcher d'homogénéiser, de fondre entre elles, d'infuser ensemble quant au traitement hygiénique, physique et moral, car la même éducation, la même fortune et la même destinée leur conviennent. Mais pour celles qui font contraste entre elles, qui sont placées à l'autre pôle social, gardez-vous de les confondre avec les premières; jamais elles ne pourraient exister ensemble. Si vous en faisiez une fusion, leur éléments contraires seraient en guerre ouverte, et les moins forts périraient conséquemment sous l'activité des plus énergiques. Par là, sans le vouloir, vous deviendriez homicides... Voilà l'écueil grands docteurs, il est formidable ! Mais aussi voici tout à côté le remède.

Classez les hommes d'après leurs formes et leurs ressemblances organiques : ou plutôt, dans l'état présent des choses, laissez-les cheminer comme la nature l'ordonne, en cherchant seulement à régler, par la culture, à redresser cette nature, quand ce sont eux qui l'égarent en s'égarant eux-mêmes. En vain prétendriez-vous faire de l'espèce humaine une seule et même famille, autrement que dans le sens de l'Évangile, la fraternité, l'égalité devant la loi et par la loi ; laissez-là librement se classer elle-même en catégories distinctes, homogènes, concourant toutes par leurs efforts communs, chacune dans sa spécialité, au bien-être et à la gloire du genre humain ; cela, par mille routes diverses, à larges issues, aboutissant toutes au même temple : celui de la vertu publique et des récompenses qui l'attendent !

Voyons maintenant comment, en 1848, nos constituants légalement élus ont opéré pour se défendre contre les doctrines anarchistes ; mais surtout disons quelques mots sur la nouvelle CONSTITUTION qu'ils ont fondée pour remédier à la fois aux maux présents et prévenir les maux à venir ; nous entrerons ensuite par voie de phrénologie dans quelques détails succincts sur les moyens praticables pour la réforme des maux et des abus qu'ils n'ont pu qu'indiquer sans y porter remède.

La preuve irréfragable et nouvelle qu'il ne suffit pas seulement, Messieurs, de changer la forme d'un gouvernement pour réussir à détruire les vices de l'ancien, éclata manifestement à l'ère de la République, en 1848. Alors tous les anciens piliers de l'ordre social étant renversés, c'était sur de nouveaux fondements que se reconstituait le corps politique. Aussi le gouvernement provisoire, après l'œuvre de renversement, se mit-il aussitôt à l'œuvre de reconstruction. Soudain, au nom du suffrage universel, base essentielle de la République, la nation française est convoquée, encore toute éblouie, surprise, consternée, et partant impuissante à faire un choix éclairé de ses représentants ! Néanmoins, l'Assemblée constituante fut élue et organisée ; bientôt tous nos grands travailleurs réunis se disposèrent ; et, par ces accouplements étranges de toutes les rivalités, de toutes les oppositions de vues, d'esprit, de sens, d'intérêts, de vœux et de besoins, scindés en groupes divers, comme le comportait la nature même des choses, la conception du grand-œuvre s'accomplit... et nos mandants de croire que de cet amalgame amphibie allait naître un prodige homogène, source de tout perfectionnement, vrai palladium du bonheur public! Nos grands hommes d'État rivalisant d'efforts et de talent, par ce laborieux enfantement, nous donnèrent la *Constitution*, créant à son tour les pouvoirs publics, les mettant en jeu de fonctionnement sous la sauve-garde d'un PRÉSIDENT, héritier du plus grand nom de l'histoire, élu par six millions de Français.

Malgré tant de garanties de puissance et de vitalité, ressortant naturellement d'un tel patronage, vivant symbole de gloire nationale, l'Assemblée qui avait remplacé la Constituante, avait à peine fonctionné quelques mois, que déjà on signalait de toutes parts les vices et l'impuissance de la *loi fondamentale* qui l'avait nommée. A son aide, il fallut donc invoquer les lois organiques qui naturellement la contredisent, si elles ne la violent pas : alors, tous les partis extrêmes, mécontents, hélas! et par trop nombreux à la Chambre, de même que par toute la France, se révoltèrent à la voix criminelle des sycophantes à *tous prix*, chaque passion sordide se donnant carrière, sous cette ère de libertés sans bornes....

Ainsi, cette Constitution, cette œuvre de conciliation de ralliement des intérêts, sauve-garde du bien-être public, a besoin, pour fonctionner sans ambages, d'une loi sévère contre les clubs; d'une loi de déportation pour sa sûreté ; de la réforme électorale pour ne pas périr par trop de vie; de la permanence de l'état de siége ; d'une loi des maires;

d'une loi organique sur l'instruction publique ; d'une loi forte, sage et préventive contre les incendies de la presse ; sans compter la singulière mise en question de la double *viabilité contingente* présidentielle et parlementaire ; lettre morte de la *loi fondamentale*, impasse par où l'on ne peut sortir que par la *solution* du sens *commun*, plus rationnelle ici que celle de *continuité : salus publica, suprema lex !* Mais, par cet incessant appel à des expédients nouveaux, cette Constitution constate publiquement son impuissance, en consacrant le principe des éternels changements !...

Ne croyez pas, Messieurs, que, par cet exposé trop réel des vices de la loi fondamentale, ce soit son arrêt de mort, par l'anathème que je prononce, ni que j'accuse ici la sagesse des législateurs qui l'ont faite. C'est une œuvre de pièces de rapports, cousues ensemble, incohérente comme ses éléments. Dans la construction du monument, les uns ont posé la pierre à regret, les autres l'ont mise de travers, *d'aucuns*, bien que BRUTUS nouveaux, ont oublié le ciment romain, désireux qu'ils étaient que l'édifice pût crouler bientôt ou du moins qu'on fût obligé de badigeonner ou de reconstruire ; mais jamais une entente cordiale n'a présidé à l'érection de cette nouvelle tour de Babel, érigée, elle aussi, à la confusion des langues... Elle ne peut donc être parfaite, comme œuvre d'ensemble, et convenir encore bien moins à un peuple formé d'éléments si divers. En effet, comment asseoir sûrement au même banquet, sous la même tente politique, tant de bigarrures constituantes, carlistes, orléanistes, républicaines, communistes, socialistes, abstractifs pur-sang, et autres prétentions adultères de bas lieux, sans exciter des discordes, des bouleversements entre elles ?

Il était donc de l'essence même des choses qu'à un peuple qui n'est pas une unité par son esprit public, par ses mœurs, et moins encore par l'influence d'une éducation générale, appliquée uniformément depuis des siècles à la jeunesse, qui a fait de tous les citoyens de France, ce qu'elle fit dans l'antiquité de tous les citoyens de Rome, un peuple libre et grand comme ses lois mâles au temps des consuls,.. il était impossible, dis-je, qu'une charte quelle qu'elle fût, pût fonder en tous points le bonheur public, et convenir à des hommes contrastant si fort par les besoins essentiels! Et, d'ailleurs, pourquoi immuable, quand les mœurs des hommes, pour qui elle est faite, sont si mobiles? Le temps, dans sa marche éternelle, ne change-t-il pas tout ou le modifie!... où serait sans cela la civilisation ?...

Il résulte de tous ces aperçus que :

Ce qui perdit l'ancienne monarchie, ce fut le privilége ;

La République de 93, l'anarchie ;

L'Empire, la dictature de l'épée ;

La Restauration, le calcul rétrograde ;

1830, le système stationnaire ;

Et ce qui perdrait la République de 1848, ce serait tout à la fois l'esprit rétrograde et stationnaire.

Elle a donc deux ennemis ensemble à combattre vaillamment : le double des travaux herculéens de ses prédécesseurs au gouvernement de la France....

Quelle gloire pour le triomphateur !.....

Maintenant, il est temps, Messieurs, de vous expliquer nos idées sur la puissance de la phrénologie, puisque c'est à elle qu'il faut avoir recours, pour atteindre le but tant cherché; celui de rendre l'homme meilleur et les peuples qu'il compose plus heureux ; mais, si à la physiologie morale et intellectuelle seule appartient la réforme sociale humanitaire, cette science ne peut employer les moyens ordinaires déjà connus, en s'élançant sur la voie des méthodes hasardées, comme ceux en tout temps mis en pratique. Portant sa vue plus loin, et voyant plus juste, plus difficile et plus logique dans ses moyens, quoique aussi ardente dans ses vœux, elle est plus lente dans ses opérations, car elle ne procède point par voie de pétition ni d'émeute ; elle sait que, pour réussir, elle doit imiter la nature ; toujours lente et mesurée dans ses opérations régulières, brusque seulement dans ses erreurs ! Sachant donc que pour opérer un changement sûr et heureux dans les mœurs et le bien-être des masses, il faut au moins soixante années, elle se gardera bien d'agir par convulsions ni saccades dans la confection des lois régénératrices qui doivent amener ce changement : certaine de maîtriser l'avenir, d'abord elle conservera ce qui existe comme droit acquis, sous forme imposante de *République* : en attendant l'essence des mœurs civiques à infiltrer au corps social, qui étant la force de tout gouvernement démocratique manque encore aux peuples modernes, qui n'en ont emprunté aux temps antiques que l'ombre par le nom. Elle conservera, dis-je, la République, non pas seulement parce qu'elle « *nous divise le moins ;* » mais surtout parce qu'elle détruit un préjugé : les noms de roi, empereur, dictateurs-autocrates ou de droit divin, sont usés ou s'usent en Europe ; il faut les déraciner lentement du cœur des Etats aussi profondément qu'ils le sont de l'esprit du plus grand nombre des peuples. Elle conservera donc la République avec une chambre qui réglemente, et un président, non quadriennal, mais décennal qui administre librement, puissant à affermir cette République, prévenant tous les déchirements qui naissent des ambitions rivales. Ce magistrat suprême étant responsable moralement dans toute la hiérarchie des pouvoirs publics doit nécessairement nommer ses ministres et autres agents de l'autorité administrative qui relèvent de lui ; par là, elle amendera progressivement la Constitution bien connue et bien appréciée. D'abord, elle rétablira la gratuité du mandat-représentant ; attendu qu'outre le danger corrupteur des brigues, faussant l'opinion du pays, cette dignité législative, la plus haute dans l'ordre des fonctions civiles, tombe dans l'abaissement par le salaire ; ensuite, pour opérer sûrement cette réforme, elle débutera par une loi organique sur l'instruction publique, comme base fondamentale de palingénésie sociale qu'elle veut obtenir. Elle exclura surtout, de toute assemblée délibérante, le clergé français, par respect et par dignité pour ce corps sacré, comme aussi par sûreté pour le pays, dans un pays surtout où le mécanisme du gouvernement roule sur les pivots d'une chambre unique. Si l'on a vu quelquefois sans grand danger des évêques siégeant à la chambre des pairs, il n'en peut être ainsi dans celle des communes à laquelle appartient l'initiative des lois (1). En effet, si en morale les intérêts de la terre et du ciel sont connexes, il est bien loin d'en être de même en politique ; l'expérience des révolutions en général l'a trop prouvé, pour qu'il soit nécessaire que j'appuie sur un point si capital d'ordre politique : l'esprit élevé de mes auditeurs ou lecteurs suppléera par ce que je dis ici à ce que je tais......

Pour arriver à ces résultats, ma doctrine, Messieurs,

---

(1) Le rejet triple et successif de la loi du divorce fait par la Chambre haute, témoigne assez que l'esprit sacerdotal gâte tout ce qu'il touche en politique. Plus récemment, sous la Constituante, la proposition Crémieux eut le même sort par la même cause.

fouillera fort avant toutes les artères du corps social, en suivant les veines cachées des membres divers dont il se compose, sans oublier les grands viscères présidant à l'ensemble des fonctions organiques ; mais, avant d'employer ces méthodes, elle exposera publiquement les ressorts qui constituent l'humanité ; quels sont les vrais mobiles d'action qu'on a sur elle ; sur sa substance complexe organique, divisée en trois régions distinctes de couches végétales vivantes sur lesquelles le législateur physiologiste peut avoir prise. La première zone molléculaire, vous la connaissez maintenant, Messieurs, c'est la zone qui constitue les *instincts* ; elle est plus ample ordinairement, plus vivace et plus absolue que les deux autres ; c'est elle qui domine sur les têtes humaines ; ses tendances sont opiniâtres et tyranniques ; à elle seule souvent appartient l'empire du domaine animal. Après cette zone dominante, apparaît la région des *sentiments*, grande aussi, mais surtout plus féconde, obéissant mieux aux influences qu'une main habile lui impose, mais cependant moins universelle et moins puissante que la première, même en Europe. Vient ensuite la contrée d'*intelligence*, divisée en deux catégories : l'intelligence bornée à la connaissance des choses essentielles à la vie humaine, constitue cette première catégorie : elle est la plus étendue, la plus généralement inhérente à tous les crânes humains : tandis que la classe du jugement, de la réflexion, de la raison, en un mot la catégorie du privilége qui crée les aristocraties morales et les illustrations intellectuelles, beaucoup plus saintement que les parchemins, est très-rare sur les têtes humaines même bien pondérées d'ailleurs : elle est une faveur de la naissance comme tant d'autres, abstraction faite des rangs, un don du ciel, dont je conseille à nos niveleurs qui l'accusent témérairement de demander compte au grand Être, cause première de tout ce qui est, voire même des inégalités qui existent; quant à moi, je veux bien la reconnaître et la constater, cette prééminence relative, mais je ne saurais l'expliquer. Eh! que m'importe de ne pouvoir porter ma vue si loin, puisque cela ne saurait m'empêcher de tirer de ce fait des inductions concluantes, pour l'objet qui nous intéresse, la réforme et le perfectionnement du genre humain!........

Examinons maintenant que nous connaissons bien l'homme par ses ressorts organiques, quels sont les moyens les plus faciles pour le pénétrer et aller à lui. Il existe, disons-nous, trois portes ouvertes par lesquelles le législateur peut agir sur lui de trois manières différentes; celle des instincts, celle des sentiments, celle des intelligences. Mais pour montrer au moins convaincu que ce n'est point ici des abstractions théoriques que j'établis sur un fond vain et creux, sur une science sans fondement et sans preuve, c'est encore et toujours dans l'arsenal de l'histoire que je vais puiser les arguments irrécusables qui la justifient.

Je débuterai donc par exposer par quel bord les législateurs anciens et modernes ont attaqué l'homme quand ils ont voulu le soumettre ou le civiliser, et, de là, jailliront les preuves *matérielles* de la valeur de notre doctrine.

Le premier qui voulut dominer son semblable, s'adressa-t-il d'abord à ses passions nobles ou sordides, ou bien à ses hautes facultés pensantes? La statistique morale d'un nouveau genre qui devient la solution de ce problème vaut bien la peine d'être dressée; c'est peut-être la première fois qu'on l'ait faite.

Chez l'homme comme chez les animaux, la partie la plus facile à séduire, nous l'avons prouvé, est celle qui embrasse les instincts ; cette remarque saute aux yeux de tout observateur érudit qui examine de près les actions des hommes. C'est donc par le côté des besoins pressants auxquels ils président qu'on prend l'être humain, quand on a le talent rare de le persuader en favorisant, en alléchant ses forts appétits. Les anciens qui sont nos maîtres en tant de choses sentirent cela, Messieurs, sans être phrénologistes ; car l'observation seule du jeu de ses passions, leur apprit vite que l'homme est généralement un être éminemment sensuel et personnel : aussi, s'adressèrent-t-ils d'abord à ses instincts pour le conduire et le façonner à l'allure de leurs fantaisies, de leurs caprices parfois, plus souvent de leur ambition dominatrice.

Pour exemple de cette vérité, je vous citerai d'abord LYCURGUE, le profond et sagace fondateur de Lacédémone.

A Sparte, les mœurs se révélaient par le costume : les jeunes filles portaient toutes des robes habilement fendues sur le côté pour amorcer plus profondément les sens de ces hommes pleins de force, dont elles excitaient l'érotique ardeur ; et Lycurgue, pour arriver plus vite au but suprême d'autorité politique, ordonna même que les danses publiques eussent lieu nu-à-nue. C'était donc par un appel incessant aux passions grossières, sur cette base immorale des appétits cyniques, que ce premier *communiste-législateur* avait établi sa constitution (1).

---

(1) Il disait : « que là ou il ne pouuait auenir avec la peau du lion, il y faisait coudre un peu de celle du regnard. » Il disait encore : « Il faut tromper les enfants auec des osselets, et les hommes avec des iuremens. »

(PLUTARQUE, Vie de Lycurgue.)

Tel était le fond de la politique de ce sage, tant préconisé par ceux qui ne jugent les grands hommes politiques qu'à travers la tradition fausse du temps, sans tenir compte des faits.

Par là, les enfants appartenaient tous à la République ; de là, point de lien moral entre les citoyens ; aussi, par esprit politique, à Sparte, enseignait-on publiquement le vol par la ruse. Au moyen de cette fallacieuse passion, on réveillait, on aiguisait encore plusieurs penchants les plus puissants de tous chez l'être humain ; l'amour de posséder et de jouir par l'habileté des moyens : l'adresse, la finesse, la ruse, la duplicité, la perfidie qu'ils savaient récompenser à propos : ce régime enfanta les *Ilotes.*

Malgré l'anachronisme historique, vu l'identité de la chose, je dirai que l'immense empire d'Orient, la Turquie, ne doit son origine qu'à la même source passionnelle ; Mahomet a fondé son *Coran* sur le sensualisme le plus grossier, en peuplant son paradis de ces mêmes houris dont il dépeuplait son sérail ; divinités célestes devant faire dans l'éternité les ineffables joies de tous les fidèles croyants, ses esclaves les plus soumis.

Ici je renoue ma chaîne historique.

L'ostracisme politique, loi mortelle par la *nostalgie,* qu'elle apporte aux grands cœurs épris de leur pays, fut, à Athènes, de même origine : ce fut à l'instinctif *amour des lieux* que cette loi barbare visa tout droit pour punir les grands coupables de lèse-patrie !

A Rome, ce fut même système : Romulus, chef d'un ramas de brigands, fonda la ville par le viol des Sabines, et, plus tard, ce fut par les grossiers errements du fondateur, *de par* ces éléments, que les législateurs de Rome établirent les gladiateurs du cirque, les combats à mort de bêtes féroces, pour charmer et exalter le courage, la férocité des Romains destinés à subjuguer l'univers et à avoir chez eux, par droit de vie et de mort, des fils et des esclaves soumis. C'est encore à la région altière et absolue des instincts qu'ils allèrent demander ces armes avec lesquelles ils devaient triompher, et forger les chaînes des peuples vaincus. Dans leur politique de domination, pour devenir les maîtres du monde, (quel prodige d'habileté politique !), ils exaltèrent, *en les déifiant,* toutes les passions vivaces ; et, afin d'atteindre plus sûrement ce but suprême, ce fut au *courage organique* qu'ils s'adressèrent ; à la colère, à la fermeté, à la vanité, à l'orgueil qui le soutiennent et le fortifient ; puissances guerrières et sans pitié, toujours en grande estime chez un peuple vainqueur !

Enfin, le christianisme effleurant la terre inspira aux hommes des idées plus hautes et plus humaines : alors les législateurs, tels que CHARLEMAGNE et ses successeurs trop longtemps après lui, commencèrent à s'adresser aux sentiments qui sont aussi (quoique moins puissants) des prises de possession sur le cœur des hommes : les Capitulaires de ce législateur en font foi, et la haute sagesse dont ces lois sont empreintes, trop longtemps méconnue de ses héritiers à l'empire, prouva assez que les hommes de ces temps barbares n'étaient pas dignes encore d'entendre la voix de la raison sévère. En effet, cela ne pouvait pas se faire si brusquement et sans transition ; en preuve, les combats en champ-clos, où les instincts sont toujours de part première ; combats atroces, décidant du droit par la victoire : les duels ensuite par jugement de Dieu, qui devinrent les arrêts de la justice, etc. ; mais dans ces sortes de jeux sauvages ou de sanglants actes publics, vous le voyez, Messieurs, les *instincts* et les *sentiments* sont en exercice, la *raison* souffre,... mais elle se tait.... Oui, personne n'ignore que l'honneur français date de ces temps héroïques de chevalerie, où *l'amour-propre* et l'orgueil humain, *l'espérance* et le *merveilleux,* enflammés par l'imagination mise en cause, débordant toutes les passions organiques, semblent dominer la vie de l'homme. Or, cet honneur vrai quelquefois, plus souvent faux, était le produit des sentiments ; la raison, l'intelligence n'entrant encore que pour part invisible dans la détermination des actes de la race humaine : ce fut *l'estime de soi*, l'amour jaloux de l'estime des autres, *l'imitation* et l'exemple qui enfantèrent le point d'honneur, et les préjuges nés des plus bas penchants qui le nourrirent.

Plus tard, sous Louis VI, dit le Gros, et ses successeurs, l'intelligence vulgaire mais raisonnée, celle des choses et de leurs attributs, des faits reconnus, de leurs conséquences, commença à se faire jour dans l'acte imposant de gouverner et de régner.

Successivement, mais avec lenteur, sous François Ier, la culture avouée de cette intelligence fut consacrée ; les arts utiles, les beaux-arts, les sciences, les lettres elles-mêmes revirent le jour ; elles se popularisèrent insensiblement tellement et si bien que les peuples s'éclairèrent du plus au moins, suivant les doctrines, le degré de bien-être et de liberté dont ils jouirent. Ce fut alors aussi que les gouvernements n'ayant plus eu, par l'arbitraire des moyens passionnels, une prise invincible sur les masses, quand ils voulurent les subjuguer en dépit de la conscience publique soulevée contre eux, inventèrent la *Raison d'Etat*, tout puissant sophisme auquel il n'est pas d'argument pour résister !... Mais du moins, depuis le jour où la raison publique, par l'intelligence de chacun, fut entrée en part dans la vie des peuples, les gouvernements ont été mixtes, et les maîtres, superbes jadis et sans frein, n'ont plus uniquement régné sur les masses par la vile croûte des instincts. Les rois alors, les législateurs prudents, ont mis en cause les sentiments et l'intelligence en faisant parfois appel à leur imprescriptible puissance!....

Tel est l'homme, en général, Messieurs, beaucoup plus doué d'instincts que d'autre chose, plus sentimental que réflectif, plus passionné que raisonnable, cent fois plus esclave que libre, et s'accommodant à tous les régimes, quand on sait se rendre maître de lui!

Aussi, il faut y revenir malgré moi : voyez la ruse et la perspicacité des *communistes,* qui pourtant se proclament *philosophes !* Ils ont voulu, eux aussi, faire revivre les temps antiques, ce temps immortel de LYCURGUE ; moins ses vertus naïves en *monnaie de fer.* Tout en nous annonçant des nouveautés (quels sophistes!) ils ont exhumé, sans s'en douter peut-être, les vieilles défroques des anciens âges, pour en affubler leurs héros d'armes, car eux aussi, c'est aux instincts les plus sordides et les plus bas des masses populaires qu'ils s'adressaient pour avoir l'empire; l'alimentivité, la biophilie, la passion de posséder, la ruse, la colère, la vengeance exaltée par ses penchants au vice, enhardie par l'appât du pillage et des récompenses sanguinaires; c'est au nom de l'égalité, de la fraternité, de la liberté natives, que toutes ces saturnales homicides étaient justifiées par ces apôtres du mensonge, du viol et du meurtre, aux yeux de leurs adeptes sans frein, exécrables vampires, vétérans cosmopolites, ne relevant de rien sur la terre que de leurs penchants organiques, de même que les héros de ROMULUS, ou les ravageurs du grand ATTILA! Les barbares! vous le voyez, Messieurs, ces prédicateurs de *nouveautés* voulaient seulement faire reculer le monde moral de trois mille ans! Quel prodige, hélas! quelle merveille!

Mais revenons enfin à nos idées, en prenant l'univers pour ce qu'il vaut, la civilisation telle qu'elle est : exposons notre plan de réforme sociale par la doctrine phrénologique. Ici, il faut encore me répéter, mais vous le savez, Messieurs, dans toute explication didactique il est indispensable d'être ennuyeux.

Il existe donc, avons-nous dit, trois classes distinctes d'individus, liés par une infinité de nuances intermédiaires que le phrénologiste voit et observe distinctement au microscope, mais dont le philosophe réformateur ne doit ni s'occuper ni tenir compte dans son plan d'éducation publique. La première et la plus considérable de ces classes, est celle des têtes à *instincts*, têtes médiocres, où tout se trouve à faible mesure, mais où les passions sordides l'emportent, la culture des germes des sentiments et de l'intelligence étant en friche. Elle forme la grande masse des hommes rustiques, de l'habitant des campagnes, à quelques rares exceptions près, chez lequel l'éducation et l'exemple n'ont encore pu rien réformer. L'habitant des villes est aussi généralement plus instinctif que sentimental, mais, néanmoins, le frottement habituel, l'exemple des esprits à culture, les unions parfois légitimes, plus souvent illicites qui en résultent, modifient chaque jour ces dispositions natives ; et l'école publique de nos théâtres en hâte le développement, en mettant en jeu la part sentimentale et intelligente qu'il a en lui, en effaçant les teintes qui séparent les diverses classes de citoyens : sans compter les mille petites causes accidentelles qui influent incessamment sur le moral. De là résulte : que l'ouvrier des villes, l'artisan, l'artiste, le marchand, peuvent recevoir une éducation plus élevée que l'habitant de la campagne ; en ce que ses aptitudes sont autres, ses mœurs différentes, et que son organisation plus complète comporte un enseignement plus complexe et plus étendu. Quant à l'homme riche et de loisir, dont l'intelligence a été dès longtemps cultivée, cette culture physique et morale ayant à la longue modifié son être, son esprit est plus propre à l'étude des hautes sciences et de la morale que celui des hommes des deux autres catégories; les milieux où il vit le lui assurent d'ailleurs, par l'aisance et le bien-être.

Ici, Messieurs, je ne fais point de roman, pas même d'histoire *à priori*, à la façon de l'abbé Raynal ; voire même de critique amère et sarcastique... Je constate la vérité, par une assertion sur faits reconnus et avérés. Il est sûr, il est prouvé que, par la culture des organes, les facultés les plus exercées acquièrent chez l'homme individuel, quel qu'il soit, comme chez les masses à la longue, une grande et forte puissance, à laquelle n'atteignent jamais les facultés restées inactives. De cela, Messieurs, nous ne prétendons conclure rien d'absolu ; car il est à tout des exceptions. Or, il est par trop évident que l'être entièrement déchu d'esprit et de sentiment ne pourra pas être changé par l'éducation, puisqu'il n'en est point susceptible.

Mais venons au point le plus important pour la question qui nous intéresse, et constatons à notre grand regret, toutefois, mais comme *règle fondamentale*, que les quatre sixièmes au moins de l'espèce humaine étant dans l'état où la civilisation l'a faite, en négligeant tout à la fois la culture de l'esprit et du corps et le perfectionnement des *races* laissées en *mépris*; constatons que les quatre sixièmes du genre humain étant seulement dotés d'instincts, les législateurs n'ont vraiment de prise sur les masses que par ce côté misérable des passions sensuelles : sans faire aucune citation, lisez l'histoire de toutes les révolutions du monde ; elle vous répondra encore que c'est en s'adressant aux plus viles passions de la multitude, qu'à Rome, à Athènes, les puissants, tour à tour chevaliers, sénateurs, consuls, dictateurs, changeaient ou détruisaient les empires ; au moyen âge, dans toutes les républiques d'Italie, même façon de faire ; depuis ce temps, en Espagne, en Portugal, en Angleterre, en France, en Amérique, les révolutions n'ont été faites que par des ambitieux souvent féroces, comme les MARIUS et les SCYLLA, qui se servaient des passions charnelles et sordides de la populace affamée pour bouleverser leur pays.

Ainsi, prétendre élever de tels hommes à têtes *aplaties* et *arrières* à la hauteur de ceux qui sont tout à la fois riches de beaux sentiments et d'intelligence, de puissants instincts (car il faut aussi des instincts à l'homme pour mettre en œuvre les autres facultés), c'est prétendre à une chose impossible. Ni les mêmes goûts, ni les mêmes penchants, ni les mêmes besoins entre eux n'existent (le modeste savetier du fabuliste en fait foi), et tout en les admettant, plus par un sentiment d'humanité que par raison, au même régime physique, il faudrait bien se garder, pour être sage et réussir, de les soumettre en tous points à la même hygiène morale ; car ce serait alors qu'on ferait des dupes et des victimes des êtres les moins bien dotés par la nature, dont les mieux dotés se moqueraient, je l'ai dit déjà, mais peut-on trop redire la vérité.

J'établirais donc, dans ma loi fondamentale d'instruction publique, un mode d'enseignement spécial pour les campagnes, dans les règlements duquel je prescrirais, pour le paysan, l'étude seulement des connaissances élémentaires des choses les plus usuelles et les plus utiles à cette vie active, uniforme, rude, mais facile : la lecture, l'écriture, le calcul élémentaire ou arithmétique, joints à la théorie des sciences spéciales aux travaux des champs par des méthodes savantes d'application. Ainsi, l'art si perfectionné de préparer les terres, les engrais divers qui la fécondent, les effets logiques des assolements, des irrigations artificielles entreraient en premier ordre dans le rudiment agricole : l'art élémentaire du menuisier, du charpentier, du maçon, du serrurier-maréchal-ferrant, serait cultivé et appris, sans oublier aucunement la culture de la religion et de la morale, qui enseignent aux enfants la soumission, le respect aux père et mère, l'obéissance aux supérieurs dans l'ordre social, aux lois qu'ils ont faites ou jurées ; le culte et la vénération envers le Grand-Être, auquel nous devons tout ce qui existe. Mais à tous ces éléments primordiaux se bornerait notre enseignement ; seulement, je fonderais des prix publics pour la vertu, et je couronnerais, tous les ans, la rosière de chaque commune.

Quant aux villes où l'homme est plus complet par ses facultés de trois ordres, trinité plus réelle que la symbolique triade de M. PIERRE LEROUX, je cultiverais tous ces terrains fertiles par des procédés plus vastes et plus savants. Ici toutes les sciences d'application à l'industrie, aux arts, au commerce, à l'horticulture, à la mécanique, à l'architecture, à la physique par la dynamique sont nécessaires, elles peuvent être cultivées avec fruit dans les écoles des arts et métiers. Pour les sentiments, on peut aussi évoquer les règles de la morale, en en enseignant les préceptes aux ouvriers, aux artistes, commerçants et artisans de nos cités ; ils ont tous des oreilles pour les entendre et des sentiments pour les goûter. En général, ces hommes sont aptes à devenir habiles dans toutes les connaissances de faits, et à s'épurer par la morale, surtout lorsque par les préceptes et l'exemple on a eu le soin de la leur infuser dès l'enfance. Je ferais revivre pour eux les jeux Floraux de Rome l'antique ; là on honorerait les femmes sans tache en leur élevant une statue à la pudeur, à la place de celle de Saint-Vincent-de-Paule dont les temples pourraient être clos...

Quant à l'étude des hautes sciences, des beaux-arts, des belles-lettres tendant aux professions libérales, comme il n'existe point dans l'humanité de classe d'êtres spéciaux chez lesquels les grands sentiments dominent avec l'intelligence, je n'établirais point de catégories, de classe particulière et distincte, pour l'enseignement de ces talents heureux, ou de ces génies plus rares encore ; et, tout en fondant des écoles spéciales d'application aux études de l'astronomie, la chimie, la physique, l'histoire naturelle, le droit, la médecine, la physiologie intellectuelle, je n'appellerais dans leur sein, que ceux qui, ayant fait leurs humanités, se présenteraient volontairement, en ne les admettant toutefois qu'après examen de leurs aptitudes particulières, et non pas seulement sur diplômes vendus de bachelier ; cela, à quelque classe de la société qu'ils appartinssent, le paysan aisé pouvant devenir citadin et docte, et l'ouvrier adroit et laborieux des villes, bourgeois et savant distingué... Mais ne voulant pas voir les jeunes gens perdre leur temps à suivre les études des sciences à la hauteur desquelles leur esprit médiocre ne saurait s'élever, je leur refuserais l'admission dans ces écoles de *hautes facultés* ; au contraire, la jeunesse bien harmonisée pour tout apprendre aurait un accès libre à toute école. Toutefois, les sujets organisés seulement pour les beaux-arts ne cultiveraient point les sciences, et VICE VERSA. Ceux faits pour l'étude du barreau n'étudieraient pas la médecine ; comme aussi d'autres nés pour l'art médical ne se voueraient point à l'architecture ; les sujets transcendants créés pour briller dans les sciences physiques, l'astronomie, la géologie, dans toutes ses branches et tous ses rapports, n'étudieraient pas la stratégie militaire ou l'art du génie : en un mot, admettant toutes les intelligences aux écoles de haut enseignement, je les classerais selon leurs facultés spéciales en sections distinctes pour autant de branches d'enseignement que leurs facultés diverses l'exigeraient.

Quant aux génies créateurs, ils seraient indépendants et libres, car le vrai génie n'a point d'école et ne s'enseigne pas ; l'univers est son texte et son instituteur tout ensemble !...

Oh ! alors, avec cette méthode réglementaire, sage et conséquente d'enseignement public, les sociétés humaines progresseraient conformément à la nature, en ordre et harmonie. Les sciences et les arts marchant d'ensemble, la morale et la vertu à leur tête, la concorde régnerait parmi le hommes ! Chaque être se trouvant à sa place dans l'ordre social heureux et satisfait, par cela même saurait s'y maintenir, puisque d'ailleurs, cette place étant celle assignée par la *loi suprême* de son organisme, la société la lui confirme dans la sagesse de ses institutions. Alors aussi les legislateurs pourraient sans crainte établir pour de tels hommes des lois douces et humaines, conformes en tous points aux mœurs des masses ! Il serait fort sage, en effet, puisque les masses instinctives l'emportent de beaucoup dans les sociétés sur les masses sentimentales et intellectuelles, il serait juste, dis-je, que les lois fondamentales destinées à gouverner l'ensemble constitutif du corps de la nation, qu'on nomme le Peuple, fussent toujours simples, uniformes, faciles à saisir, sans piéges, ni détours, ni ambages, accessibles à toutes les intelligences, faibles ou fortes, sans pouvoir exciter le moindre doute, le moindre murmure ; la conscience du juste et de l'injuste, d'ailleurs, étant du domaine de tout le genre humain ! Ces lois, ainsi empreintes d'un esprit d'amour public concourraient sûrement par l'équité au bien-être de tous les citoyens. Mais ce sont surtout les lois pénales qu'il faudrait douces et impartiales, sages et humaines, comme les règlements pénitenciers : il n'y a que les lois administratives réglementaires qui, devant s'approprier aux diversités de localités, appréciées sainement par les besoins divers et les caractères des administrés, pourraient se passer d'être uniformes. Ces lois, variables selon les temps et les lieux, ne seraient pas moins fort justes, puisqu'elles seraient basées sur l'équité.

En effet, on doit réglementer autrement l'homme des champs que l'habitant des cités ; autrement l'homme à sentiments, à besoins complexes, que l'ingénu à mœurs rudes et primitives, ou l'imbécile marchant toujours sur des béquilles ou à tâtons ; de même que dans la loi pénale le législateur, par les yeux du juge, voit autrement l'être savamment méchant ou pervers que l'être faible et ignorant, puisqu'il sait invoquer les *circonstances atténuantes* en faveur de celui-ci, dans le but de rétablir entre eux le poids de l'équité, qu'il n'a pu mettre dans la lettre morte d'une loi inflexible.

Mais, au reste, ainsi coordonnées, les sociétés humaines ne présenteraient plus le hideux spectacle des fourberies partielles de la famille, car le mariage, se trouvant d'abord harmonisé par la main de la phrénologie, enverrait du foyer domestique au corps social, au forum, sur la place publique, ou dans les assemblées délibérantes, des membres sains et de mœurs pures, incapables de discordes civiles.

Dès lors, Messieurs, plus de prédicateurs, plus de sectaires pour agiter les masses. Sans besoins des essais faits à Citeaux, tout phalanstérien serait jugé d'emblée, conspué, repoussé, avili : tout prédicateur au Luxembourg n'aurait plus besoin de faire ses preuves à Clichy pour être taxé et reconnu pour ce qu'il vaut : il ne formerait plus d'ateliers nationaux pour les donner en prime à la paresse. Plus de trompette magique envoyant les crédules mourir en *Icarie !* Plus de banque à banqueroute *Proudhonnienne* pour leurrer les sots. Plus de *Ploutocratie*, de mythe, de triangle et de peupliers symboliques pour fanatiser les ignorants et faire rire les gens sensés : plus de *Ledru-Rollin,* ce *nestor* des lions socialistes, rugissant, outre Manche, l'impôt *spoliateur progressif* de son *Proscrit...* En un mot, plus d'orateurs de croisades, s'enrouant à soulever ces grosses masses *inférieures, postérieures* et *latérales,* ces tubercules charnus, excentrico - effrayants, végétant hideusement sur toutes les têtes des bandits des bagnes et autres lieux dépravés pour les faire servir d'instruments sanguinaires à leurs folles idées rénovatrices !.... Mais aussi, plus d'émeutiers gagés, plus de révolutions, de bouleversements par l'anarchie, plus d'horreurs physiques, plus d'infamies morales !....

La bonne foi, la concorde à la place, la paix, toujours la paix par le travail universel bien distribué à chacun selon ses mérites, ses talents, ses goûts, ses aptitudes, sans autre droit auxiliaire à la main-d'œuvre. On ne verrait plus par conséquent ces myriades d'intrus en guenilles jetés, par le hasard ou par les institutions fausses de leur pays, hors de leur place naturelle, errer et courir à l'aventure après la fortune, sans en trouver la route, sans même pouvoir jamais atteindre au moindre bien-être où chacun veut prétendre !....

Ici, je termine, Messieurs, notre cours de haute-philosophie que j'aurais pu étendre à ma volonté par ces considérations générales sur l'histoire du genre humain, toutes à l'appui de notre science. Mais votre intelligence suppléera à ce que je n'ai pu vous exposer : j'espère en avoir dit assez pour être compris : c'est à vous à féconder désormais cette doctrine neuve et fertile en vertus de tous genres, de la populariser et la faire valoir en montrant au monde que notre philosophie vaut bien la peine qu'on l'étudie, puisque d'elle dépend tout à la fois la gloire de ceux qui la cultivent et l'avenir sans bornes de l'humanité !....

FIN.